Sammlung

Außerdeutscher Strafgesetzbücher

in deutscher Übersetzung.

Herausgegeben von den Schriftleitungen

der

Zeitschrift für die gesamte Strafrechtswissenschaft

und der

Mitteilungen der Internationalen Kriminalistischen Vereinigung.

XXXVII.

a) **Belgisches Kinderschutzgesetz.**
b) **Französ. Gesetz betr. Jugendgerichte u. Schutzaufsicht.**
c) **Entwurf eines deutschen Gesetzes über das Verfahren gegen Jugendliche.**

BERLIN 1912.

J. Guttentag, Verlagsbuchhandlung,

G. m. b. H.

Das
belgische Kinderschutzgesetz

vom 15. Mai 1912.

Übersetzt von

Staatsanwalt **Dr. Rosenfeld.**

BERLIN 1912.

J. Guttentag, Verlagsbuchhandlung,
G. m. b. H.

Kinderschutzgesetz.

ALBERT, König der Belgier, Allen Gegenwärtigen und Zukünftigen Heil. Die Kammern haben angenommen und Wir bekräftigen was folgt:

Kapitel I.

Verlust der elterlichen Gewalt.

Art. 1. Es verlieren die elterliche Gewalt über ihre sämtlichen Kinder:

1. Auf Grund der Artikel 378 Absatz 2 und 382 Absatz 2 des Strafgesetzbuches Eltern, welche wegen einer unzüchtigen Handlung, Notzucht oder Kuppelei verurteilt werden,
2. Eltern, welche wegen eines an ihrem Kinde oder Verwandten absteigender Linie begangenen Verbrechens, abgesehen von Abtreibung und Kindestötung, verurteilt werden.

Art. 2. Der Verlust der elterlichen Gewalt wird vom Landgericht (tribunal de première instance) ausgesprochen; das Verfahren wird von der Staatsanwaltschaft von Amts wegen eingeleitet.

Der auf Grund des Art. 1 ausgesprochene Verlust hat den Verlust sämtlicher aus der elterlichen Gewalt folgenden Rechte zur Folge.

Wer der elterlichen Gewalt verlustig erklärt ist, kann auch den Handlungen seiner Kinder oder sonstiger Verwandter absteigender Linie nicht durch seine Genehmigung Rechtswirksamkeit verleihen.

Auch kann er weder Vormund, Mitvormund, Gegenvormund, Mitglied eines Familienrats, Pfleger noch Beistand der Mutter, falls sie Vormünderin ist, sein.

Art. 3. Das Landgericht kann auf Antrag der Staatsanwaltschaft Eltern ganz oder teilweise von ihrer elterlichen Gewalt über einzelne oder sämtliche Kinder ausschließen:

1. wenn sie ein Bordell halten,
2. wenn sie durch Mißhandlung, Mißbrauch ihrer Autorität notorische schlechte Aufführung oder durch schwere Vernachlässigung ihrer gesetzlichen Pflichten die Gesundheit, Sicherheit oder Sittlichkeit ihres Kindes gefährden,

3. wenn sie auf Grund der Artikel 31, 32, 33 des Strafgesetzbuches ihrer Familienrechte verlustig erklärt sind[1]),
4. wenn sie wegen eines Verbrechens mit Ausnahme von politischen Verbrechen verurteilt sind, an welchem ihr Kind oder sonstiger Verwandter absteigender Linie mit ihrem Einverständnis teilgenommen hat.

Der Verlust kann auch gegenüber dem Vormunde ausgesprochen werden, der wegen eines an seinem Mündel begangenen Verbrechens als Täter oder Teilnehmer verurteilt ist.

Art. 4. Das Gericht kann auf Antrag der Staatsanwaltschaft die im Artikel 3 vorgesehene Ausschließung einer Frau gegenüber aussprechen, welche einen Mann ehelicht, der seiner elterlichen Gewalt verlustig erklärt ist.

Art. 5. Das Gericht ordnet gleichzeitig mit dem, den Verlust aussprechenden Beschlusse an, daß der Familienrat gemäß §§ 405 ff. des Bürgerlichen Gesetzbuchs zu berufen ist.

Der Familienrat bestellt im Interesse des Kindes die Person, welche die Eltern in den diesen abgesprochenen Rechten und den entsprechenden Pflichten zu vertreten hat. Findet er solche Person nicht, so kann er das Kind einem Vereine oder einer öffentlichen oder privaten Wohltätigkeits- oder Erziehungsanstalt überweisen.

Als Vertreter des Vaters bestellt der Familienrat in erster Reihe die Mutter und, falls solche nicht vorhanden ist, ein Mitglied der Familie — sofern das Interesse des Kindes nicht dagegen spricht.

Das Gericht kann im Interesse des Kindes auf Antrag der Staatsanwaltschaft die vom Familienrat getroffene Wahl abändern.

In diesem Falle bestellt es selbst den Vertreter. Findet es solchen nicht, so kann es das Kind einem Vereine oder einer öffentlichen oder privaten Wohltätigkeits- oder Erziehungsanstalt überweisen.

Es kann auch jederzeit die von ihm selbst getroffene Wahl auf Antrag der Staatsanwaltschaft oder desjenigen, dem das Kind anvertraut ist, abändern.

Die von dem Familienrat oder Gericht bestellte Person vertritt allein das Kind in allen bürgerlichrechtlichen Handlungen; die Vorschriften des Bürgerlichen Gesetzbuches über Vormundschaft finden auf ihre Geschäftsführung Anwendung. Ist das Kind einem Vereine oder einer Anstalt anvertraut, so bestellen diese aus der Reihe ihrer Mitglieder die Person, welche mit der Vertretung des Kindes besonders beauftragt ist. Die Bestellung ist sofort dem Ersten Staatsanwalt anzuzeigen.

Ist die zum Vertreter bestellte Person nicht die Mutter, so sind die Einkünfte aus dem Vermögen des Kindes in erster Reihe zu seinem Unterhalt und zu seiner Erziehung zu verwenden.

---

[1]) Die Art. 31 ff. Code pénal belge betreffen den Verlust der bürgerlichen Ehrenrechte.

In diesem Falle gilt bezüglich aller Handlungen des Jugendlichen, die nach dem Gesetze der Zustimmung des Vaters oder der Mutter bedürfen, das gleiche, wie wenn keine Eltern vorhanden wären.

Art. 6. Sobald das auf Verlust der elterlichen Gewalt abzielende Verfahren eingeleitet ist, oder schon, wenn gegen Eltern wegen einer Straftat eingeschritten wird, welche die Maßnahmen aus Art. 1 oder 3 zur Folge haben kann, so kann das Gericht und in dringenden Fällen der Amtsrichter (le juge des référés) auf Antrag der Staatsanwaltschaft die ihm erforderlich scheinenden Bestimmungen über die Obhut des Kindes treffen.

Art. 7. Wer die elterliche Gewalt verloren hat, kann auf seinen Antrag vom Gericht ganz oder teilweise wieder in seine Rechte eingesetzt werden.

Solcher Antrag kann im Falle des Art. 1 nicht vor Ablauf von zehn Jahren und im Falle des Art. 3 nicht vor Ablauf von fünf Jahren seit dem Tage gestellt werden, an welchem der Beschluß Rechtskraft erlangt hat.

Art. 8. Das Gericht fäßt, abgesehen vom Falle des Art. 6, seinen Beschluß erst nachdem es den Friedensrichter des Wohnsitzes der Eltern oder mangels solchen Wohnsitzes den ihres Aufenthaltortes schriftlich gehört hat.

Mit der gleichen Ausnahme hört es auch, ehe es dem Vater einen Vertreter bestellt oder ihn in seine Rechte wieder einsetzt, die Mutter, sofern sie nicht abwesend oder unzurechnungsfähig ist.

Art. 9. Eine Ehefrau kann in keinem der vorgenannten Fälle vor Gericht Rechte geltend machen.[1])

Die Berufungsfrist beträgt in allen vorgenannten Fällen zwei Wochen. Die Berufung hat im Falle des Art. 6 keine aufschiebende Wirkung.

Art. 10. Wird das Kind gemäß Art. 5 oder 6 einer andern Person als der Mutter oder wird es einem Vereine oder einer öffentlichen oder privaten Wohltätigkeits- oder Erziehungsanstalt überwiesen, so kann das Gericht oder der Amtsrichter dieser Person oder Anstalt eine von ihm festzusetzende Beihilfe zu den Unterhalts- und Erziehungskosten des Kindes bewilligen. Diese Entscheidung kann jederzeit, wie in Art. 5 Absatz 6 vorgesehen, abgeändert werden.

Der Staat schießt diese Kosten vor.

Die Hälfte dieser Kosten trägt der Staat, die andere Hälfte die Gemeinde des Unterstützungswohnsitzes.

---

[1]) Art. 215 Code Civil belge: La femme ne peut ester en jugement sans l'autorisation de son mari, quand même elle serait marchande publique, ou non commune, ou séparée de biens.

Kapitel II.

Maßnahmen gegenüber strafverfolgten jugendlichen Personen.

§ 1. Der Jugendrichter.

Art. 11. Der König bestellt bei jedem Landgericht einen Richter, welcher gemeinsam mit der Staatsanwaltschaft mit der Aburteilung Jugendlicher, in Gemäßheit der nachfolgenden Bestimmungen, beauftragt ist. Dieser Richter führt die Bezeichnung Jugendrichter. Er wird auf drei Jahre bestellt.

Sein Auftrag kann erneuert werden.

Erfordert es der Umfang des Dienstes, so bestellt der König mehrere Jugendrichter. Für den Fall des Verhindertseins des ordentlichen Jugendrichters, wird ihm ein Stellvertreter durch den Landgerichtspräsidenten bestellt.

Art. 12. Ein oder mehrere Mitglieder der Staatsanwaltschaft werden vom Ersten Staatsanwalt, ein oder mehrere Untersuchungsrichter werden vom Landgerichtspräsidenten bestellt und mit der Bearbeitung der Jugendsachen besonders beauftragt.

Jugendsachen gehen nur in Ausnahmefällen und nur falls unbedingt erforderlich, in die Voruntersuchung.

Nach Schluß der Voruntersuchung setzt der Untersuchungsrichter den Jugendlichen außer Verfolgung oder er überweist ihn vor den Jugendrichter.

§ 2. Maßnahmen des Jugendrichters.

Art. 13. Der Jugendrichter trifft bezüglich der beschuldigten Jugendlichen die erforderlichen Maßnahmen betreffend ihres Aufenthaltes, ihrer Erziehung und Behütung.

Jugendliche unter 18 Jahren, welche beim Betteln oder Landstreichen betroffen werden oder welche gewohnheitsmäßig betteln oder Landstreichen, können ergriffen und dem Jugendrichter vorgeführt werden. Dieser kann:

1. sie verwarnen und den Personen, in deren Obhut sie sich befanden, mit der Auflage an diese zurückgeben, zukünftig besser auf sie aufzupassen,
2. sie bis zur Großjährigkeit einer Person, einem Verein oder einer öffentlichen oder privaten Wohltätigkeits- oder Erziehungsanstalt überweisen,
3. sie bis zur Großjährigkeit zur Verfügung der Regierung stellen [1]).

Im Falle gewohnheitsmäßigen Bettelns oder Landstreichens hat der Richter jedoch nur die Wahl zwischen den beiden letzten Maßnahmen.

---

[1]) Art. 72 Code pénal, loi du $\frac{27.\ XI.\ 91}{15.\ II.\ 97}$ sur le vagabondage.

Art. 14. Geben Jugendliche unter 18 Jahren durch schlechte Aufführung oder Unbotmäßigkeit ihren Eltern, Vormündern oder sonstigen Personen, in deren Obhut sie sich befinden, gewichtigen Anlaß zur Unzufriedenheit, so kann der Richter auf Antrag jener Eltern, Vormünder oder sonstigen Personen eine der in Ziffer 2 und 3 von Artikel 13 vorgesehenen Maßnahmen ergreifen.

Art. 15. Wenn sich Jugendliche unter 16 Jahren der Gewerbsunzucht oder sonstigem unsittlichem Leben ergeben oder ihren Erwerb im Spiel oder in Gewerben oder Beschäftigungen suchen, wo sie in Gefahr geraten, der Gewerbsunzucht, Bettelei, Landstreicherei oder dem Verbrechertum zu verfallen, so kann der Jugendrichter eine der im Artikel 13 erwähnten Maßnahmen ergreifen.

Art. 16. Ein Jugendlicher, welcher bei Begehung einer Straftat das 16. Lebensjahr noch nicht vollendet hat, kommt vor den Jugendrichter; an die Stelle der Strafe tritt eine Maßnahme der Bestimmung des Aufenthaltes (Obhut), der Erziehung oder Behütung gemäß den folgenden Unterscheidungen:

Art. 17. Der Jugendrichter kann, welches auch die juristische Qualifikation der Straftat sei, den Jugendlichen, je nach Lage des Falles, verwarnen und ihn den Personen, in deren Obhut er sich befand, mit der Auflage an diese zurückgeben, zukünftig besser auf ihn aufzupassen, oder er kann ihn bis zur Großjährigkeit einer Person, einem Verein oder einer öffentlichen oder privaten Wohltätigkeits- oder Erziehungsanstalt überweisen, oder ihn bis zur Großjährigkeit zur Verfügung der Regierung stellen.

Art. 18. Stellt die von dem Jugendlichen vor Vollendung des 16. Lebensjahres begangene Straftat ein Verbrechen dar, welches weder mit dem Tode noch mit Zwangsarbeit[1]) bedroht ist, so kann der Jugendrichter, wenn er den Jugendlichen zur Verfügung der Regierung stellt, die Dauer dieser Maßnahme über die Großjährigkeit hinaus bis zur Vollendung des 25. Lebensjahres ausdehnen.

Art. 19. Stellt die von dem Jugendlichen vor Vollendung des 16. Lebensjahres begangene Straftat ein mit dem Tode oder mit Zwangsarbeit bedrohtes Verbrechen dar, so kann der Jugendrichter, wenn er den Jugendlichen zur Verfügung der Regierung stellt, die Dauer dieser Maßnahme bis zu zwanzig Jahren über die erreichte Großjährigkeit hinaus ausdehnen.

Art. 20. Steht die Straftat des Jugendlichen mit einer Tat im Zusammenhang, welche zur Strafverfolgung eines Erwachsenen Anlaß

---

[1]) Das belgische Strafgesetzbuch vom 8. Juni 1867 kennt zwei Arten von Zuchthausstrafe nach deutschem Begriff: 1) Zwangsarbeit (travaux forcés), und zwar lebenslängliche oder zeitige. Bei letzterer kann auf 10 bis 15 oder auf 15 bis 20 Jahre erkannt werden. 2) Zuchthaus (réclusion). Diese Strafe ist stets eine zeitige. Ihre Mindestdauer beträgt 5 Jahre; es kann bis zu 10 Jahren erkannt werden.

geben kann, so sind die Verfahren zu trennen; der Jugendliche kommt vor den Jugendrichter.

Art. 21. Hat der Jugendrichter Zweifel an der körperlichen oder geistigen Gesundheit des Jugendlichen, so kann er ihn beobachten und von einem oder mehreren Spezialärzten untersuchen lassen.

Ergibt das Gutachten, daß der Jugendliche sich in einem Zustande körperlicher oder geistiger Minderwertigkeit befindet, der ihn unfähig macht, die Tragweite seiner Handlungen zu ermessen, so stellt er ihn zur Verfügung der Regierung, bestimmt aber gleichzeitig, daß er in einer Heilanstalt oder in einer seinem Zustande angemessenen Spezialanstalt untergebracht werde.

Art. 22. Zeigt sich, daß ein Jugendlicher, welcher vor Vollendung des 16. Lebensjahres ein Verbrechen oder Vergehen begangen hat, zu ausgeprägt sittlich verdorben ist, um in einer gewöhnlichen Bewahr-, Erziehungs- oder Behütungsanstalt Aufnahme finden zu können, so ordnet der Richter an, daß der Jugendliche zur Verfügung der Regierung gestellt werde, um auf die Dauer von zwei bis zehn Jahren in einer staatlichen Zwangserziehungsanstalt untergebracht zu werden. Im Falle des Art. 19 kann der Jugendrichter die Dauer der Zwangserziehung bis zu zwanzig Jahren über die erreichte Großjährigkeit hinaus ausdehnen.

Art. 23. Der Jugendrichter kann den Jugendlichen bedingt zur Verfügung der Regierung stellen und die Bedingungen dieses Aufschubes festsetzen.

Art. 24. Ist die Straftat erwiesen, so verurteilt der Richter das Kind zu den Kosten des Verfahrens, gegebenenfalls auch zur Zurückgabe[1]) und zum Schadensersatz.

Übersteigt der Schaden nicht 50 Franken, so kann sein Ersatz dem Geschädigten auf dessen Antrag zugesprochen werden; der Antrag muß vom Bürgermeister gezeichnet und von einer von diesem unter Außerachtlassung der Kosten aufgestellten Schätzung des Schadens begleitet sein.

Diejenigen Personen, welche auf Grund von Artikel 1384 des Bürgerlichen Gesetzbuchs oder auf Grund eines Sondergesetzes verantwortlich sind, werden geladen und sind neben dem Kinde für die Kosten, das Zurückgeben, sowie den Schadenersatz solidarisch haftbar.

Die auf Grund des vorliegenden Gesetzes unternommenen Schritte gegenüber jugendlichen Personen, werden nicht in den Nachrichten aufgeführt, welche seitens der Behörden über verfolgte Personen mitgeteilt werden.[2]) Gleichwohl werden sie im Falle einer neuen Strafverfolgung der Justizbehörde mitgeteilt.

---

[1]) Nach Artikel 366 Absatz 2 der belg. Strafprozeſsordnung muſs das verurteilende Gericht von amtswegen anordnen, daſs das bei dem Täter gefundene durch die Straftat erlangte Gut dem Eigentümer zurückgegeben werde.

[2]) Es sind sowohl das Strafregister wie die polizeilichen Listen gemeint.

§ 3. Schutzaufsicht.

Art. 25. Die Jugendlichen, welche in einem der vorgenannten Fälle nicht in einer staatlichen Anstalt untergebracht, oder welche aus einer solchen Anstalt entlassen sind, werden bis zur Großjährigkeit unter Schutzaufsicht gestellt.

Zu diesem Behufe bestimmt der Jugendrichter Personen beiderlei Geschlechts, die er in erster Linie aus Fürsorgevereinen für Jugendliche oder öffentlichen oder privaten Wohltätigkeits- oder Erziehungsanstalten nimmt.

Diese Personen werden unter seiner Leitung mit der Beaufsichtigung der in ein Strafgerichtsverfahren verwickelten Jugendlichen beauftragt. Sie heißen Fürsorger (délégués à la protection de l'enfance) und können besoldet werden.

Art. 26. Die Fürsorger haben in Berührung mit dem Jugendlichen zu bleiben und erforderlichenfalls die Eltern oder die Personen oder Anstalten aufzusuchen, in deren Obhut sich der Jugendliche befindet.

Sie haben die Umwelt (milieu), die Neigungen und die Aufführung des Jugendlichen zu beobachten.

Sie haben, so oft es ihnen nötig erscheint und wenigstens allmonatlich, dem Jugendrichter über den sittlichen Zustand und die Lage des Jugendlichen zu berichten. Sie haben dem Jugendrichter alle Maßnahmen vorzuschlagen, die sie im Interesse des Jugendlichen für angezeigt halten.

Die Eltern erhalten in regelmäßigen Zeitabschnitten Nachricht über den Zustand ihrer Kinder.

§ 4. Das Verfahren.

Art. 27. Der Jugendrichter stellt die Identität und das Alter des Jugendlichen fest. Er stellt Ermittlungen an über seinen körperlichen und geistigen Zustand, sowie über die soziale und sittliche Lage, in der er lebt.

Er kann jederzeit den Jugendlichen, die Personen, in deren Obhut sich dieser befindet, sowie die Fürsorger vor sich laden.

Er kann durch Vermittlung des Fürsorgers oder unmittelbar von Kommunalbehörden, Geistlichen, dem Hausarzte, den Lehrern an der Schule, welche der Jugendliche besucht hat, seinen Arbeitgebern, von Armenpflegern, Fürsorgeverbänden, Vertretern der Vereine, welche sich um das Kind gekümmert haben, usw. Auskunft verlangen.

Art. 28. Während der Ermittlungen trifft der Jugendrichter die erforderlichen Maßnahmen bezüglich des Aufenthaltes des strafverfolgten Jugendlichen.

Er kann ihn bei den Privatpersonen belassen, in deren Obhut er sich befindet, oder ihn aus seiner Umwelt entfernen und ihn provisorisch einem Verwandten, einer Privatperson, einem Verein oder einer öffentlichen oder privaten Wohltätigkeits- oder Erziehungsanstalt anvertrauen.

Art. 29. In den in Art. 12 erwähnten Ausnahmefällen sowie in dringenden Fällen können diese Aufenthaltsbestimmungen von dem Untersuchungsrichter oder dem Ersten Staatsanwalt getroffen werden; sie haben hiervon jedoch unverzüglich dem Jugendrichter Mitteilung zu machen, dessen Zuständigkeit alsbald wieder eintritt.

Art. 30. Können die im Art. 28 vorgesehenen Maßnahmen nicht ausgeführt werden, weil das Kind zu verdorben ist, oder weil es tatsächlich unmöglich ist, eine Privatperson oder Anstalt zu finden, welche gewillt und geeignet ist, den Jugendlichen aufzunehmen, so kann der Jugendliche, falls es unbedingt erforderlich ist, in einem Gerichtsgefängnis in Untersuchungsgewahrsam gesetzt werden, unter der Bedingung, daß diese Haft nicht länger als zwei Monate dauert.

Der in einem Gerichtsgefängnis in Gewahrsam behaltene Jugendliche untersteht einer besonderen, von der Zentralgefängnisverwaltung in einer Verordnung niederzulegenden Art der Behandlung.

Art. 31. Der Jugendrichter kann jederzeit, aus eigener Entschließung oder auf Antrag der Staatsanwaltschaft, des Jugendlichen, der Eltern, Vormünder, Erzieher, oder auf den Bericht der Fürsorger hin, die von ihm getroffenen Maßnahmen widerrufen oder ändern und im Rahmen der Vorschriften des vorliegenden Gesetzes nach Gutdünken die Interessen des Jugendlichen wahren. Die getroffenen Maßnahmen unterliegen obligatorisch alle drei Jahre einer Nachprüfung, es sei denn, daß sie inzwischen außer Wirksamkeit getreten sind.

Art. 32. Die Beschlüsse des Jugendrichters können binnen der gesetzlichen Frist von der Staatsanwaltschaft angefochten werden. Sie können von dem Jugendlichen, den Eltern, Vormündern oder Erziehern dann angefochten werden, wenn es sich um die Entziehung des Kindes aus dem Gewahrsam der Eltern, Vormünder oder der Personen handelt, welche den Jugendlichen in ihrer Obhut hatten.

Der Jugendrichter kann seinen Beschluß vorläufig ausführen lassen.

Über die Beschwerde befindet nach Anhörung der Staatsanwaltschaft ein vom König aus den Reihen der Richter des Oberlandesgerichts auf die Dauer von drei Jahren ernannter Beamter. Sein Auftrag kann erneuert werden.

Für den Fall der Behinderung des ordentlichen Richters wird ihm vom Präsidenten des Oberlandesgerichts ein Vertreter bestellt.

Der Beschwerderichter kann die im Art. 28 vorgesehenen vorläufigen Maßnahmen ergreifen.

Der Jugendrichter erhält eine Gehaltszulage von 1250 Franken in den Orten der ersten und von 750 Franken in den Orten der zweiten oder dritten Ortsklasse. Der Beschwerderichter erhält eine Gehaltszulage von 1250 Franken.

Art. 33. Jeder Wechsel des Wohnsitzes des Jugendlichen ist dem Jugendrichter anzuzeigen; dieser ergreift die erforderlichen Maßnahmen.

Wohnt der Jugendliche nunmehr im Bezirke eines andern Jugendrichters, so übersendet diesem der bisherige Jugendrichter die Akten und erteilt ihm die notwendige Information.

Art. 34. Von dem Tode des Jugendlichen, seiner schweren Erkrankung, seiner unerlaubten Entfernung oder seiner Unbotmäßigkeit haben diejenigen, in deren Obhut sich der Jugendliche befindet, oder die Fürsorger dem Jugendrichter sofort Anzeige zu erstatten.

Art. 35. Leistet der Jugendliche oder leisten diejenigen, in deren Obhut sich der Jugendliche befindet, einer Ladung des Jugendrichters unentschuldigt keine Folge, so kann dieser sie zu einer Geldstrafe von 1 bis 25 Franken und zu 1 bis 7 Tagen Gefängnis oder zu einer dieser Strafen allein verurteilen.

Art. 36. Jugendliche unter 18 Jahren dürfen den Sitzungen der Gerichte und Jugendrichter nur in den gegen sie schwebenden Strafverfahren beiwohnen, oder wenn sie vor den Jugendrichter geladen sind, oder wenn sie als Zeugen aufzutreten haben, jedoch nur solange ihre Gegenwart erforderlich ist.

Art. 37. Die Gerichte können im Falle der Verurteilung eines Jugendlichen unter 18 Jahren zu Gefängnis anordnen, daß er von der Strafverbüßung an bis zur erreichten Großjährigkeit zur Verfügung der Regierung stehe.

Die Strafvollstreckung hat in solchem Falle binnen acht Tagen seit Rechtskraft des Urteils zu beginnen.

§ 5. Ausführungs- und Aufsichtsbestimmungen.

Art. 38. Die von dem Jugendrichter angeordneten Unterbringungen von Jugendlichen sind dem Justizminister anzuzeigen. Auch erhält er jährlich Bericht über die Führung dieser Jugendlichen. Er läßt die Unterbringungsstellen inspizieren.

Art. 39. Die zur Verfügung der Regierung ohne nähere Anweisung des Richters gestellten Jugendlichen können bedingt den Personen, in deren Obhut sie sich befinden, belassen, sie können in einer staatlichen Erziehungsanstalt oder in irgend einer andern Anstalt, die zu ihrer Aufnahme angesichts ihres Zustandes geeignet ist, untergebracht, oder sie können einer Privatperson, einem Verein, oder einer öffentlichen oder privaten Wohltätigkeits- oder Erziehungsanstalt überwiesen werden.

Der Justizminister läßt die Unterbringungsstellen inspizieren.

Art. 40. Der Jugendrichter bestimmt die Art der Verwendung des Arbeitsverdienstes der Jugendlichen, welche ein Jugendrichter einer Privatperson, einem Verein oder einer öffentlichen oder privaten Wohltätigkeits- oder Erziehungsanstalt anvertraut hat.

Der Justizminister bestimmt die Art der Verwendung des Arbeitsverdienstes der der Regierung zur Verfügung gestellten Jugendlichen, solange sie in einer Anstalt untergebracht oder andern Personen als ihren Eltern oder Vormündern anvertraut sind.

Ist der Arbeitsverdienst ganz oder zum Teil auf ein Sparkassenbuch eingezahlt, so kann der Jugendrichter bezw. der Minister bestimmen, daß der Jugendliche ohne ihre ausdrückliche Genehmigung nicht vor Vollendung des 25. Lebensjahres über diese Summe verfügen darf.

Art. 41. Der König setzt jährlich die Summe fest, welche pro Tag für Unterhalt und Erziehung derjenigen Jugendlichen anzusetzen ist, welche durch die Regierung in einer Spezialanstalt oder in einer staatlichen Erziehungsanstalt untergebracht sind.

Der Justizminister setzt die Höhe der Beihilfe fest, welche für den Unterhalt und die Erziehung der von ihm Privatleuten oder Vereinen, oder öffentlichen oder privaten Wohltätigkeits- oder Erziehungsanstalten überwiesenen Jugendlichen bewilligt wird.

Der Jugendrichter bestimmt in jedem einzelnen Falle die Beihilfe, welche für den Unterhalt und die Erziehung eines Jugendlichen bewilligt wird, der von ihm oder von den im Art. 29 genannten Beamten untergebracht ist.

Diese Verfügung kann, wie in Artikel 31 vorgesehen, jederzeit abgeändert werden.

Die Beihilfen dienen ausschließlich zur Bestreitung des Unterhalts und der Erziehung des betreffenden Jugendlichen.

Art. 42. Die Kosten für den infolge der Anordnung des Jugendrichters eintretenden Unterhalt und die Erziehung des Jugendlichen tragen der Jugendliche oder die zu seiner Unterstützung verpflichteten Personen, falls diese vermögend sind, andernfalls trägt sie der Staat.

Handelt es sich jedoch um Jugendliche, welche wegen Landstreicherei oder Bettelei zur Verfügung der Regierung gestellt sind, so trägt die Hälfte der Kosten der Staat, zur andern Hälfte die Gemeinde des Unterstützungswohnsitzes.

Art. 43. Besitzt der Jugendliche keinen Unterstützungswohnsitz in Belgien oder kann ein solcher Unterstützungswohnsitz nicht ausfindig gemacht werden, so werden die dem Unterstützungswohnsitz infolge der Artikel 10 und 42 zur Last fallenden Kosten von der Provinz getragen, in welcher sich das Landgericht, oder der Jugendrichter befinden, welcher in der Angelegenheit tätig gewesen ist.

Der Staat, die Provinz und die Gemeinde sind befugt, im Klagewege behufs Wiedererlangung der Kosten für Unterhalt und Erziehung gegen vermögende Jugendliche oder deren Unterstützungsverpflichtete vorzugehen.

Die Klage verjährt gemäß Artikel 2277 des Bürgerlichen Gesetzbuches.

§ 6. Besondere Bestimmungen.

Art. 44. Als Täter werden im Falle der Begehung einer Tat durch ein Kind unter 16 Jahren mit Polizeistrafen belegt:

1. diejenigen, welche auf eine der in Absatz 3 und 4 von Artikel 66 des Strafgesetzbuches vorgesehenen Weisen Teilnehmer an einer Übertretung sind,
2. diejenigen, welche in gleicher Weise Teilnehmer an einer im Forstgesetz vorgesehenen Straftat sind.

Art. 45. In allen Fällen, daß ein Kind unter 16 Jahren eine Straftat begangen hat, kann ohne Rücksicht auf die dem Kinde gegenüber ergriffenen Maßnahmen, sofern die Begehung der Straftat durch einen Mangel an Beaufsichtigung erleichtert worden ist, die Person, welche das Kind in Obhut hat, zu einer Polizeistrafe verurteilt werden, unbeschadet der Vorschriften des Strafgesetzbuches und der besonderen Vorschriften betreffend die Teilnahme.

Art. 46. Wer sich der Hehlerei an Gegenständen schuldig macht, die ein Kind unter 16 Jahren durch eine Übertretung erlangt hat, wird mit 1—7 Tagen Gefängnis und 1—25 Franken Geldstrafe oder zu einer dieser Strafen allein verurteilt.

§ 7. Allgemeine Bestimmung.

Art. 47. Die richterlichen und Verwaltungsbehörden haben bei Anwendung dieses Gesetzes die religiösen und philosophischen Überzeugungen der Familien zu berücksichtigen, denen die Kinder angehören.

Kapitel III.

Verbrechen und Vergehen gegen die Sittlichkeit oder die Schwäche von Kindern.

Art. 48. Der Artikel 372 des Strafgesetzbuches wird durch die folgende Bestimmung ersetzt:

Jede ohne Gewalt oder Drohung gegen die Person oder mit Hilfe eines Kindes unter 16 Jahren verübte unzüchtige Handlung wird mit Zuchthaus bestraft.

Mit Zwangsarbeit von 10—15 Jahren bestraft wird die ohne Gewalt oder Drohung vorgenommene unzüchtige Handlung eines Aszendenten gegen einen Minderjährigen selbst nach dessen vollendetem 16. Lebensjahre, jedoch nicht, sobald dieser durch Eheschließung aus der elterlichen Gewalt geschieden ist.

Art. 49. Der Artikel 373 des Strafgesetzbuches wird durch folgende Bestimmung ersetzt:

Die mit Gewalt oder Drohung vorgenommene unzüchtige Handlung gegen eine Person wird mit 6 Monaten bis 5 Jahren Gefängnis bestraft.

Hat sich die Handlung gegen eine über 16 Jahre alte minderjährige Person gerichtet, so ist die Strafe Zuchthaus.

War der Jugendliche noch nicht 16 Jahre alt, so ist die Strafe 10—15 Jahre Zwangsarbeit.

Art. 50. Der Artikel 375 des Strafgesetzbuches wird durch folgende Bestimmung ersetzt:

Mit Zuchthaus bestraft wird derjenige, welcher das Verbrechen der Notzucht unter Anwendung von roher Gewalt oder ernsthafter Bedrohung, oder List oder an einer Person begeht, welche infolge von Krankheit, Geistesgestörtheit oder andern zufälligen Ursachen den Gebrauch ihrer Sinne verloren hatte, oder derselben durch irgend einen Kunstgriff beraubt war.

Ist das Verbrechen gegen ein über 14 und unter 16 Jahre altes Kind begangen, so wird der Täter zu 15—20 Jahren Zwangsarbeit verurteilt.

Zur Vollendung des Tatbestandes der Notzucht an einem Kinde unter 14 Jahren genügt die körperliche gegenseitige Berührung der Geschlechtsteile (rapprochement charnel des sexes). In diesem Falle beträgt die Strafe 15—20 Jahre Zwangsarbeit.

Sie beträgt lebenslängliche Zwangsarbeit, wenn das Kind unter 10 Jahre alt war.

Art. 51. Der Artikel 376 des Strafgesetzbuches wird durch folgende Bestimmung ersetzt:

Hat die Notzucht oder die unsittliche Handlung den Tod der verletzten Person herbeigeführt, so wird der Täter zu 15—20 Jahren Zwangsarbeit verurteilt. War das Opfer unter 16 Jahre alt, so wird der Täter zu lebenslänglicher Zwangsarbeit verurteilt.

Art. 52. Der Artikel 377 des Strafgesetzbuches wird durch folgende Bestimmung ersetzt:

Ist der Täter der Aszendent, der Lehrer oder gehört er zum Gesinde des Verletzten, gehört er zu dem Kreise derjenigen Personen, welche Autorität über ihn haben, gehört er zum Gesinde des Aszendenten oder demjenigen des Lehrers des Verletzten oder einer Person, welche Autorität über ihn hat, oder ist der Täter ein Geistlicher oder öffentlicher Beamter, der seine Stellung mißbraucht, um die Straftat zu begehen, ist er ein Arzt, Chirurg, Geburtshelfer oder Unterarzt, dem das Kind anvertraut war, oder hat der Täter, wer er auch sei, in den Fällen der Artikel 373, 375, 376 bei der Ausführung des Verbrechens oder Vergehens von einer oder mehreren Personen Beihilfe erhalten, so werden die Strafen folgendermaßen festgesetzt:

Im Falle des Absatzes 1 von Artikel 372: 10—15 Jahre Zwangsarbeit.

Im Falle des Absatzes 1 von Artikel 373 wird das Minimum der Gefängnisstrafe verdoppelt.

In den Fällen der Absätze 2 und 3 von Artikel 373: 15—20 Jahre Zwangsarbeit.

Im Falle des Absatzes 1 von Artikel 375: wenigstens 7 Jahre Zuchthaus.

In den Fällen der Absätze 2 und 3 von Artikel 375: lebenlängliche Zwangsarbeit.

Im Falle des Absatzes 1 des Artikels 376: wenigstens 17 Jahre Zwangsarbeit.

Art. 53. Der Artikel 385 des Strafgesetzbuches erhält den folgenden Zusatz:

Ist der Angriff in Gegenwart eines Kindes unter 16 Jahren verübt, so beträgt die Strafe einen Monat bis 3 Jahre Gefängnis und 100—1000 Franken Geldstrafe.

Art. 54. Die Ziffer 17 von Artikel 1 des Gesetzes vom 15. März 1874 über die Auslieferung erhält folgende Fassung:

Ziffer 17: wegen einer unzüchtigen Handlung, welche ohne Gewalt oder Drohung gegen oder mit Hilfe eines Jugendlichen unter 16 Jahren vorgenommen ist.

Wegen einer unzüchtigen Handlung, welche ohne Gewalt oder Drohung von einem Aszendenten gegen oder mit Hilfe eines Minderjährigen verübt ist, selbst wenn dieser das 16. Lebensjahr vollendet hatte, aber noch nicht infolge von Eheschließung aus der elterlichen Gewalt geschieden war.

Art. 55. Der Artikel 376 des Strafgesetzbuches erhält folgende Fassung:

Wer ein Mädchen unter 18 Jahren entführt oder entführen läßt, wer der Entführung zugestimmt hat oder freiwillig dem Täter gefolgt ist, wird, wenn er großjährig ist, mit 2—5 Jahren Gefängnis und 50—500 Franken Geldstrafe bestraft und kann ferner zu den in Art. 33 des Strafgesetzbuches vorgesehenen Ehrenstrafen verurteilt werden.

Ist er minderjährig, so wird er mit 3 Monaten bis einem Jahr Gefängnis und 50—300 Franken Geldstrafe bestraft.

Art. 56. Die Artikel 354—360 des Strafgesetzbuches erhalten die folgende Fassung:

354. Wer eine wegen jugendlichen Alters oder infolge ihres körperlichen oder geistigen Zustandes hilflose Person an einem nicht einsamen Orte aussetzt oder aussetzen läßt, oder in hilfloser Lage vorsätzlich verläßt oder verlassen läßt, wird mit 1 Monat bis 1 Jahr Gefängnis und 26—100 Franken Geldstrafe bestraft.

355. Wird die Handlung von leiblichen Eltern gegen ihr Kind oder von einer Person, der das Kind oder der Hiflose anvertraut war, begangen, so tritt Gefängnisstrafe von 3 Monaten bis 2 Jahren und Geldstrafe von 26—200 Franken ein.

356. Ist durch die Handlung Verstümmelung, Krankheit oder Arbeitsunfähigkeit eingetreten, so wird der Schuldige folgendermaßen bestraft:

Im Falle des Artikels 354: mit 6 Monaten bis 2 Jahren Gefängnis und 26—200 Franken Geldstrafe,

Im Falle des Artikels 355: mit 1—3 Jahren Gefängnis und 50 bis 300 Franken Geldstrafe.

357. Ist durch die Handlung der Tod verursacht worden, so tritt:

Im Falle des Artikels 354: 1—3 Jahre Gefängnis und 50 bis 300 Franken Geldstrafe,

Im Falle des Artikels 355: 2—5 Jahre Gefängnis und 50 bis 500 Franken Geldstrafe ein.

358. Wer eine wegen jugendlichen Alters oder infolge ihres körperlichen oder geistigen Zustandes hilflose Person an einem einsamen Orte verläßt oder verlassen läßt, wird mit 6 Monaten bis 3 Jahren Gefängnis und 50—300 Franken Geldstrafe bestraft.

359. Wird die Handlung von leiblichen Eltern gegen ihr Kind oder von einer Person, der das Kind oder der Hilflose anvertraut war, begangen, so tritt Gefängnisstrafe von 1—5 Jahren und Geldstrafe von 100—300 Franken ein.

360. Ist durch die in den beiden vorhergehenden Artikeln vorgesehene Handlung das Kind oder der Hilflose verstümmelt geblieben, so tritt Zuchthausstrafe ein.

Ist der Tod eingetreten, so tritt Zwangsarbeit von 10—15 Jahren ein.

Art. 57. Folgende Bestimmung wird als Art. 369 bis in das Strafgesetzbuch eingefügt:

Eltern, welche ihr minderjähriges Kind einem gegen dieses auf Grund des vorliegenden Gesetzes eingeleiteten Verfahren entziehen oder zu entziehen versuchen, welche es der Obhut der Person entziehen oder zu entziehen versuchen, welcher der Richter oder der Justizminister es anvertraut hat, welche es denjenigen vorenthalten, welche ein Recht auf seine Herausgabe haben, sowie Eltern, welche das Kind, selbst mit dessen Einwilligung, entführen oder entführen lassen, werden mit 8 Tagen bis zu einem Jahre Gefängnis und 26 bis 1000 Franken Geldstrafe oder mit einer dieser Strafen allein bestraft.

War der Täter seiner elterlichen Gewalt ganz oder teilweise verlustig erklärt, so tritt Gefängnisstrafe bis zu 3 Jahren ein.

Art. 58. Folgende Bestimmung wird als Art. 401 bis in das Strafgesetzbuch eingefügt:

Die in den Artikeln 398 und 401 vorgesehenen Strafen treffen mit den dort festgesetzten Unterscheidungen denjenigen, welcher vorsätzlich in gesundheitsgefährdender Weise einem Kinde unter 16 Jahren, oder einer Person, welche infolge ihres körperlichen oder geistigen Zustandes nicht in der Lage war, selbst für ihren Lebensunterhalt zu sorgen, Nahrung oder Fürsorge vorenthält.

Art. 59. Art. 410 des Strafgesetzbuches erhält folgenden Zusatz-

Das gleiche gilt, wenn das Verbrechen oder das Vergehen gegen ein Kind unter 16 Jahren oder eine Person, welche infolge ihres körperlichen oder geistigen Zustandes nicht in der Lage war, für ihren eigenen Unterhalt zu sorgen, von den leiblichen oder Adoptiveltern oder von irgend einer andern Person begangen wird, welche eine Autorität über das Kind oder den Hilflosen ausübt oder ihn in ihrer Obhut hat.

Art. 60. Folgende Bestimmung wird als Art. 360bis in das Strafgesetzbuch eingefügt:

Leibliche oder Adoptiveltern, welche ihr Kind in einer Notlage zurücklassen, selbst, wenn das Kind sich nicht selbst überlassen bleibt, welche sich weigern, es zurückzunehmen, oder welche, wenn sie es einer dritten Person anvertraut haben, sich weigern, die Unterhaltskosten des Kindes zu zahlen, werden mit 8 Tagen bis 2 Monaten Gefängnis und 50—500 Franken Geldstrafe oder mit einer dieser Strafen belegt, insoweit nicht die allgemeinen gesetzlichen Vorschriften strenger sind.

Art. 61. Folgende Bestimmung wird als Art. 420bis in das Strafgesetzbuch eingefügt:

Dieselben Strafen treffen, insoweit nicht die allgemeinen gesetzlichen Vorschriften strenger sind, denjenigen, welcher, wenn er ein Kind unter 16 Jahren oder eine Person in Obhut hat, welche infolge ihres körperlichen oder geistigen Zustandes außerstande ist, für ihren Lebensunterhalt zu sorgen, seine Unterhaltspflicht diesem Kinde oder dieser Person gegenüber in einer ihre Gesundheit gefährdenden Weise vernachlässigt.

Art. 62. Wer, abgesehen von den in dem Strafgesetzbuch, dem Gesetz vom 28. Mai 1888 und vom 15. Dezember 1889 vorgesehenen Fällen ein Kind unter 16 Jahren zu Arbeiten anhält, welche offenbar seine Kräfte übersteigen, wird zu 26—200 Franken Geldstrafe verurteilt. Die Geldstrafe tritt jedesmal ein, daß er das Kind in dieser Weise beschäftigt hat, jedoch darf der Gesamtbetrag der Geldstrafe 1000 Franken nicht übersteigen.

Wird der Täter innerhalb 5 Jahren seit der Bestrafung rückfällig, so wird die Strafe verdoppelt, jedoch darf die Geldstrafe 2000 Franken nicht übersteigen.

Art. 63. Mit Gefängnis von 8 Tagen bis 3 Monaten wird bestraft:

1. wer gewohnheitsmäßig ein Kind unter 16 Jahren betteln läßt;
2. wer ein Kind unter 16 Jahren oder eine bresthafte Person einem Bettler verschafft hat, der sich dieses Kindes oder dieser Person bedient hat, um das öffentliche Mitleid zu erregen.

Im Rückfalle kann die Strafe verdoppelt werden.

Unter entsprechender Aufhebung der Bestimmung des Art. 100 des Strafgesetzbuchs finden Kapitel VII und Art. 85 von Buch I des Strafgesetzbuches auf die in diesem und dem vorhergehenden Artikel vorgesehenen Straftaten Anwendung.

Art. 64. Die Vorschriften über die Strafverfolgung in Vergehenssachen finden auf das in Kapitel II dieses Gesetzes vorgesehene Verfahren Anwendung mit Ausnahme der in diesem Gesetz bestimmten Aufhebungen.

Aufgehoben werden, soweit es sich um Jugendliche unter 18 Jahren handelt:

Die Artikel 72—75 des Strafgesetzbuchs, 340 der Strafprozeßordnung, 375 bis 383 und 417 des Bürgerlichen Gesetzbuches, 8 des Gesetzes vom 1. Juni 1849 über die Kosten im Strafverfahren, Artikel 24—27, 29—35 und 39 des Gesetzes vom $\frac{\text{27. November 1891}}{\text{15. Februar 1897}}$ gegen Landstreicherei und Bettelei sowie Artikel 3 des Gesetzes vom 1. Mai 1849 über die Polizeigerichte.

Kapitel II dieses Gesetzes und Absatz 2 dieses Artikels treten am 1. Oktober nach Veröffentlichung dieses Gesetzes in Kraft.

Die Polizeigerichte, Strafkammern, Strafsenate und die Schwurgerichte erledigen die Sachen, mit denen sie zu jener Zeit befaßt sind.

Art. 65. Der Justizminister erstattet jährlich dem Landtag Bericht über die Anwendung dieses Gesetzes.

Französisches Gesetz

betreffend

Jugendgerichte und Schutzaufsicht

vom 22. Juli 1912.

Übersetzt von

Staatsanwalt **Dr. Rosenfeld.**

Gesetz betreffend die Jugendgerichte und die Schutzaufsicht*)

vom 22. Juli 1912.

Titel I.

Straftaten von Personen unter 13 Jahren.

§ 1. Allgemeine Bestimmungen.

Art. 1. Ein Jugendlicher unter 13 Jahren, der eines Verbrechens oder Vergehens beschuldigt wird, kommt nicht vor den Strafrichter.

Er kann, je nach Lage des Falles, Maßnahmen der Vormundschaft, der Beaufsichtigung, der Erziehung, der Besserung und des Beistandes unterworfen werden. Diese Maßnahmen trifft die Beschlußkammer des Zivilgerichts. Zuständig ist das Gericht des Tatortes, das des Wohnsitzes der Eltern oder des Vormundes und das des Ergreifungsorts. Ist das mit der Sache zunächst befaßte Gericht das des Tatortes oder das des Ergreifungsortes, so kann es, wenn es angezeigt erscheint, die Sache an das Gericht des Wohnorts der Eltern oder des Vormunds verweisen.

Bestehen bei einem Gericht mehrere Kammern, so bestimmt der Präsident des Gerichts die Kammer, welche für die Beschlußfassung über Straftaten Jugendlicher unter 13 Jahren zuständig ist.

Die Beschlüsse der Kammer werden nicht im Strafregister vermerkt.

§ 2. Vorbereitende Maßnahmen.

Art. 2. Erfährt der Erste Staatsanwalt, daß ein Jugendlicher unter 13 Jahren eine als Verbrechen oder Vergehen bezeichnete Tat begangen hat, so übergibt er die Angelegenheit dem Untersuchungsrichter.

Auf Schadenersatz kann nur vor den Zivilgerichten geklagt werden.

---

*) Über die Anfänge der Jugendgerichtsbewegung in Frankreich siehe meinen Aufsatz im Februarheft 1909 der Zeitschrift für Jugendwohlfahrt (Teubner) S. 85.

Art. 3. Der von dem Landgerichtspräsidenten gemäß Art. 17 dieses Gesetzes bestimmte Untersuchungsrichter kann sich der Person des Kindes versichern, indem er es vorläufig entweder einer Vertrauensperson oder einer Wohlfahrtseinrichtung, die staatlich anerkannt oder hierzu vom Präfekten bestimmt ist, oder der öffentlichen Armenpflege überweist; oder er läßt es in einem Asyl, einem Hospiz oder an einem andern, von ihm zu bezeichnenden, am Sitze des zuständigen Gerichts befindlichen Orte festhalten. Von dem Veranlaßten benachrichtigt er unverzüglich die Eltern, den Pfleger oder Vormund, soweit diese bekannt sind.

Er gibt von der Einleitung des Verfahrens dem Vorsitzenden des Jugendschutzvereins (comité de défense des enfants traduits en justice) Kenntnis. Er bestimmt oder läßt durch den Vorsitzenden der Anwaltskammer einen Offizialverteidiger bestimmen.

Handelt es sich um die Beschuldigung eines Verbrechens, so kann der Untersuchungsrichter durch einen mit Gründen versehenen Beschluß anordnen, daß das Kind im Untersuchungsgefängnis, aber getrennt von andern Gefangenen, Aufnahme finde.

§ 3. Ermittelungen und Beschlußfassung.

Art. 4. Der Untersuchungsrichter ermittelt gemäß den Vorschriften der Strafprozeßordnung und des Gesetzes vom 8. Dezember 1897[1], ob der Jugendliche die ihm zur Last gelegte Straftat begangen hat. Reicht das Belastungsmaterial nicht aus, oder stellt die dem Jugendlichen zur Last gelegte Tat weder ein Verbrechen noch ein Vergehen im Sinne des Gesetzes dar, so setzt ihn der Richter nach Anhörung der Staatsanwaltschaft außer Verfolgung.

Erscheint dagegen der Jugendliche verdächtig, ein Verbrechen oder Vergehen begangen zu haben, so sind Ermittelungen über die sachliche und moralische Lage der Familie, den Charakter und das Vorleben des Jugendlichen, die Bedingungen, unter denen er gelebt hat und erzogen ist, sowie über die Maßnahmen anzustellen, welche geeignet erscheinen, seine Besserung herbeizuführen. An diese Ermittelungen schließt sich erforderlichenfalls eine ärztliche Untersuchung.

Mit der Vornahme dieser Ermittelungen kann der Untersuchungsrichter einen Berichterstatter (rapporteur) aus der Zahl derjenigen Personen beauftragen, welche in einem Verzeichnis aufgeführt sind, das die Kammer am Anfang eines jeden Justizjahres aufstellt. In diese Liste sind in erster Reihe aufzunehmen: richterliche Beamte oder ehemalige richterliche Beamte, Advokaten beiderlei Geschlechts, Anwälte oder Anwälte im Ruhestande, Mitglieder beiderlei Geschlechts von staatlich anerkannten oder vom Präfekten bestimmten Fürsorge-

---

[1]) betr. die Reform der Voruntersuchung (obligatorische Zulassung eines Verteidigers).

vereinen sowie Mitglieder beiderlei Geschlechts der Jugendschutzvereine (Comités de défense des enfants traduits en justice).

Dieser Berichterstatter hört den Jugendlichen, stellt Erkundigungen bei allen in Betracht kommenden Personen an und trifft alle Feststellungen, welche ihm im Interesse des Jugendlichen notwendig erscheinen. Stößt er bei Ausführung seiner Aufgabe auf Widerstand, so setzt er hiervon unverzüglich den Jugendrichter in Kenntnis. Er erstattet diesem schriftlich Bericht, in dem er die Ergebnisse seiner Ermittelungen anführt. Erforderlichenfalls ergänzt diesen der Untersuchungsrichter.

Nach beendigter Voruntersuchung übergibt der Untersuchungsrichter die Akten der Staatsanwaltschaft und überweist in geeigneten Fällen den Jugendlichen vor die Kammer.

Art. 5. Die Kammer trifft ihre Entscheidung nach Anhörung des Jugendlichen, der Zeugen, Eltern, des Vormundes oder Pflegers, sowie des Berichterstatters, wenn ein solcher beauftragt wurde, sowie der Staatsanwaltschaft und des Verteidigers.

Sie erwähnt in ihrem Beschluß die Anwesenheit der genannten Personen.

Art. 6. Erscheint die Beschuldigung begründet, so ergreift die Kammer in einem mit Gründen versehenen Beschluß eine der folgenden Maßnahmen:

1. Zurückgabe des Jugendlichen an seine Familie.
2. Unterbringung bis zur Großjährigkeit bei einer Vertrauensperson oder in einem geeigneten Asyl oder Internat, oder in einer Anstalt für Zurückgebliebene, oder in einer staatlich anerkannten oder vom Präfekten bestimmten Wohltätigkeitsanstalt.
3. Überweisung an die öffentliche Armenpflege.

Hat die Kammer beschlossen, daß der Jugendliche seiner Familie zurückgegeben, oder bei einer Vertrauensperson oder in einer Wohltätigkeitsanstalt untergebracht werde, so kann sie einen Beauftragten (délégué) damit betrauen, den Jugendlichen gemäß den Vorschriften des Titels III dieses Gesetzes zu beaufsichtigen.

Die Kammer setzt die Gerichtskosten, die Unterhaltskosten und erforderlichenfalls die Unterbringungskosten zu Lasten der Familie des Jugendlichen fest.

Diese Kosten werden wie Kosten des Strafverfahrens eingezogen.

Die Sitzungen der Kammer sind nicht öffentlich; es können ihnen jedoch die Mitglieder der Jugendschutzvereine, die vom Gericht anerkannten Mitglieder von Fürsorgevereinen und andern Wohlfahrtseinrichtungen, die sich mit Jugendlichen befassen, sowie diejenigen Personen beiwohnen, welche vom Gericht einen Auftrag (délégation) erhalten haben.

Der mit Gründen versehene Beschluß wird in öffentlicher Sitzung verlesen.

Art. 7. Alle Beschlüsse der Kammer sind innerhalb 10 Tagen dem Jugendlichen, seinen Eltern, seinem Verteidiger, Vormund oder Pfleger sowie dem Ersten Staatsanwalt persönlich oder in der Wohnung durch eingeschriebenen Brief des Gerichtsschreibers schriftlich zuzustellen.

Art. 8. Ist der Jugendliche unter 13 Jahren gleichzeitig mit einem oder mehreren älteren Beschuldigten, deren Aufenthalt bekannt ist, in eine Strafsache verwickelt, so vollzieht sich das Ermittelungsverfahren nach den allgemeinen Vorschriften, jedoch finden die Vorschriften der vorgenannten Artikel 3 und 4 auf die Jugendlichen unter 13 Jahren Anwendung.

Wird der Jugendliche nicht außer Verfolgung gesetzt, so kommt er vor das zuständige Zivilgericht, selbst, wenn die älteren Beschuldigten vor die Strafkammer kommen.

§ 4. Beschwerden gegen die Entscheidungen der Kammer.

Art. 9. Gegen die Entscheidungen der Kammer kann der Jugendliche, sein Vater, seine Mutter, sein Vormund, sein Pfleger sowie die Staatsanwaltschaft Beschwerde einlegen.

Sie ist bei der Gerichtsschreiberei des Gerichts, welches den Beschluß erlassen hat, innerhalb 10 Tagen anzubringen; diese Frist läuft für diejenigen, welche der Sitzung beigewohnt haben, von dem Tage an, der auf den Tag folgt, an dem der Beschluß ergangen ist, für den Vater, die Mutter, den Vormund, oder den Pfleger, welche der Sitzung nicht beigewohnt haben, von dem Tage an, der dem Tage folgt, an welchem der eingeschriebene Brief zugestellt ist.

Bei den Gerichten, wo mehrere Kammern bestehen, bestimmt der Gerichtspräsident nach Anhörung der Staatsanwaltschaft sowie der andern interessierten Personen diejenige Kammer, welche als Beschwerdekammer zu wirken hat.

Die Beschwerde hat aufschiebende Wirkung, jedoch kann die vorläufige Ausführung des Beschlusses ausdrücklich angeordnet werden.

Den Sitzungen können die im vorletzten Absatz von Artikel 1 erwähnten Personen beiwohnen.

Der mit Gründen versehene Beschluß wird in öffentlicher Sitzung verlesen.

Art. 10. Ist mindestens ein Jahr seit der Ausführung eines Beschlusses verflossen, durch den ein Jugendlicher außerhalb seiner Familie untergebracht ist, so können die Eltern oder der Vormund, wenn sie die Besserung eines Jugendlichen und ihre eigene Geeignetheit, ihn zu erziehen, dartun, bei der Kammer den Antrag stellen, daß der Jugendliche ihnen zurückgegeben werde.

Wird der Antrag abgelehnt, so können sie innerhalb der in Artikel 9 vorgesehenen Frist und in der dort bezeichneten Form Beschwerde bei dem Senat des Oberlandesgerichts einlegen.

Wird der Antrag endgültig abgelehnt, so kann ein ähnlicher Antrag nicht vor Ablauf eines weiteren Jahres gestellt werden.

Art. 11. Die Kammer kann jederzeit von Amts wegen oder auf Antrag der Staatsanwaltschaft oder auf das Gesuch des Jugendlichen diesen auf Grund eines mit Gründen versehenen Beschlusses seiner Familie zurückgeben oder ihn anderweitig unterbringen. Hiergegen ist Beschwerde an den Beschlußsenat des Oberlandesgerichts gegeben.

Diese Beschwerde hat aufschiebende Wirkung, jedoch kann die Kammer die vorläufige Ausführung des Beschlusses ausdrücklich anordnen.

Geht die Beschwerde von dem Jugendlichen aus und wird sie abgelehnt, so kann sie nicht vor Ablauf eines Jahres wiederholt werden.

§ 5. Verschiedenes.

Art. 12. Die Staatsanwaltschaft hat die Beschlüsse der Kammer auszuführen.

Art. 13. Die Prozeßhandlungen, Beschlüsse sowie die im vorhergehenden erwähnten Verträge bezüglich der Unterbringung von Jugendlichen sind frei von Stempel und Abgaben.

6. Übertretungen, die von Jugendlichen unter 13 Jahren begangen werden.

Art. 14. Übertretungen, die von Jugendlichen unter 13 Jahren begangen sind, werden von dem Polizeigericht (tribunal de simple police) abgeurteilt. Dieses tagt im Zimmer des Friedensrichters unter Ausschluß der Öffentlichkeit, aber in Gegenwart der Eltern, des Vormundes oder des Pflegers des Jugendlichen.

Ist die Übertretung erwiesen, so erteilt der Richter dem Jugendlichen, oder den Eltern einen Verweis und macht sie auf die Folgen des Rückfalles aufmerksam. Dieser Verweis wird in ein besonderes Register eingetragen.

Befindet sich der Jugendliche gemäß Artikel 483 des Strafgesetzbuches im Rückfall, so kommt er vor die Zivilkammer und unterliegt den Vorschriften der vorhergehenden Artikel.

Titel II.

Vorverfahren und Urteilsfällung bei Straftaten, welche von Jugendlichen zwischen 13 und 18 Jahren verübt sind. (Jugendgerichte.)

Art. 15. Die Strafkammern urteilen über mit Gefängnis bedrohte Vergehen, weche von Jugendlichen zwischen 13 und 18 Jahren begangen sind. Die Strafkammern werden mit den Sachen durch Verweisung an sie seitens des Untersuchungsrichters oder der Beschlußkammer befaßt; unmittelbare Ladung vor die Strafkammer ist unzulässig.

Art. 16. Die Vorschriften des Artikels 4 des Gesetzes vom 19. April 1898[1]) finden auch ferner Anwendung auf alle Fälle von Verbrechen oder Vergehen, die gegenüber Jugendlichen begangen werden.

In allen Fällen von Verbrechen oder Vergehen, welche Jugendlichen zwischen 13 und 18 Jahren zur Last gelegt werden, kann der Untersuchungsrichter jederzeit nach Anhörung der Staatsanwaltschaft verfügen, daß der Jugendliche der Obhut seiner Familie oder eines Verwandten oder einer Vertrauensperson oder einer staatlich anerkannten oder vom Präfekten bezeichneten Wohlfahrtseinrichtung oder der öffentlichen Armenpflege überwiesen werde.

Diese Maßnahme kann jederzeit widerrufen werden; sie bleibt in Kraft bis die Voruntersuchung durch Außerverfolgungsetzung geschlossen oder falls die Sache vor die Strafkammer kommt, bis zum rechtskräftigen Urteil.

Wird der Jugendliche in der vorläufigen Obhut seiner Familie eines Verwandten oder eines andern Privatmannes belassen, so kann der Untersuchungsrichter verfügen, daß diese Obhut unter der Aufsicht einer von ihm bezeichneten Vertrauensperson ausgeübt werde.

Gegen diesen Beschluß können die Verwandten des Jugendlichen bis einschließlich des dritten Grades, der Vormund oder Gegenvormund sowie die Staatsanwaltschaft Beschwerde einlegen. Die Beschwerde geht innerhalb drei Tagen an die Beschlußkammer (tribunal en chambre du conseil).

Art. 17. Bei Gerichten mit mehreren Untersuchungsrichtern werden einer oder mehrere von ihnen von dem Gerichtspräsidenten auf Vorschlag der Oberstaatsanwaltschaft mit der Untersuchung der Jugendlichen unter 18 Jahren zur Last gelegten Straftaten beauftragt.

Der Untersuchungsrichter dehnt seine Ermittelungen ebensowohl auf die zur Last gelegten Taten wie auf die materielle und sittliche Lage des Jugendlichen und seiner Familie aus. Er benachrichtigt den Vorsitzenden des Jugendschutzvereins von der Einleitung der Untersuchung. Er bestimmt oder läßt durch den Vorsitzenden der Anwalts-

---

[1]) Loi sur la répression des violences, voies de fait, acte de cruauté et attentats commis envers les enfants. (Journ. off. du 21. avril 1898, page 2618).

Art. 4. Dans tous les cas de délits ou de crimes commis par enfants ou sur des enfants, le juge d'instruction commis pourra, en tout état de cause, ordonner, le ministère public entendu, que la garde de l'enfant soit provisoirement confiée jusqu' à ce qu'il soit intervenu une décision définitive, à un parent, à une personne ou à une institution charitable qu'il désignera, ou enfin à l'assistance publique.

Toutefois, les parents de l'enfant jusqu'au cinquième degré inclusivement son tuteur ou son subrogé tuteur et le ministère public pourront former opposition à cette ordonnance; l'opposition sera portée, à bref délai, devant le tribunal, en chambre du conseil, par voie de simple requête.

kammer einen Offizial-Verteidiger bestimmen. Erforderlichenfalls läßt er den Jugendlichen ärztlich untersuchen.

Art. 18. Das Landgericht eines jeden Bezirks tagt als Jugendgericht und urteilt als solches in besonderen Sitzungen über die, Jugendlichen zwischen 13 und 16 Jahren zur Last gelegten Verbrechen oder Vergehen sowie die, Jugendlichen zwischen 16 und 18 Jahren zur Last gelegten Vergehen.

Bei dem Seinegericht und den Landgerichten mit mehreren Kammern wird eine besondere, Jugendgericht benannte Kammer gebildet, welche mit der Aburteilung von Jugendlichen zwischen 13 und 16 Jahren sowie 16 und 18 Jahren, wie im vorhergehenden § vorgesehen, beauftragt wird. Über die Beschwerden befindet das Oberlandesgericht in besonderer Sitzung und unter denselben Bedingungen wie die Gerichte erster Instanz.

Die Richter, welche Mitglieder der Jugendgerichte sind, können gleichzeitig Mitglieder anderer Kammern sein.

Ist ein Jugendlicher zwischen 13 und 18 Jahren als Täter, Mittäter oder Teilnehmer an der gleichen Sache mit älteren Beschuldigten beteiligt, so kommt die Sache vor die gewöhnliche Jurisdiktion. Das gleiche ist der Fall, wenn ein Jugendlicher zwischen 13 und 16 Jahren Täter, Mittäter oder Teilnehmer an der gleichen Sache mit älteren Beschuldigten beteiligt ist und es sich um ein Verbrechen handelt.

Art. 19. Jede Sache wird für sich abgeurteilt, und zwar in Abwesenheit von andern Angeklagten.

Der Verhandlung beiwohnen dürfen nur die Zeugen in der betreffenden Sache, die Angehörigen des Jugendlichen, sein Vormund, Gegenvormund, Rechtsanwälte, Vertreter der öffentlichen Armenpflege, vom Gericht allgemein zugelassene Mitglieder von Fürsorgevereinen, Jugendschutzvereinen oder andern Wohlfahrtseinrichtungen, die sich mit Kindern beschäftigen, die Beauftragten des Gerichts (délégués) und Vertreter der Presse.

Die Veröffentlichung von Berichten über die Verhandlungen vor dem Jugendgericht ist untersagt, desgleichen die Abbildung von strafverfolgten Jugendlichen, sowie jede Illustration, welche sich auf Jugendliche oder die ihnen zur Last gelegte Tat beziehen.

Verstöße gegen diese beiden Vorschriften kommen vor die Strafkammer und werden mit Geldstrafen von 1000 bis 2000 Mk. bestraft.

Dieselben Vorschriften finden Anwendung auf die Verhandlungen vor der in Titel I erwähnten Kammer.

Das Urteil oder der Beschluß wird in öffentlicher Sitzung verkündet und darf veröffentlicht werden, jedoch darf der Name des Jugendlichen lediglich durch einen Anfangsbuchstaben angedeutet werden.

Kommt der Jugendliche gleichzeitig mit älteren Angeschuldigten vor die gewöhnliche Jurisdiktion, so ist die Verhandlung öffentlich.

Titel III.

Schutzaufsicht.

Art. 20. Das Gericht kann anordnen, daß der Jugendliche zwischen 13 und 18 Jahren vorläufig unter die Schutzaufsicht einer von ihm bezeichneten Person oder Wohlfahrtseinrichtung unter seiner Leitung gestellt werde.

Der Vorsitzende des Gerichts erklärt dem Jugendlichen, sowie seinen Eltern, seinem Vormund oder Pfleger die Bedeutung und den Zweck der angeordneten Maßnahme.

Art. 21. Art. 66 des Strafgesetzbuches erhält folgende Fassung:

Ein jugendlicher Angeklagter über 13 und unter 18 Jahren, welcher die Tat ohne Unterscheidungsvermögen (discernement) begangen hat, wird freigesprochen; er wird jedoch je nach Lage des Falles seiner Familie zurückgegeben oder einer Person oder einer Wohlfahrtseinrichtung überwiesen, oder in einer Erziehungsanstalt (colonie pénitentiaire) untergebracht, um dort während der im Urteil bezeichneten Dauer, welche jedoch die Vollendung seines 21. Lebensjahres nicht überschreiten darf, erzogen zu werden.

Verfügt das Gericht, daß der Jugendliche seinen Eltern, einer Person oder einer Wohlfahrtseinrichtung übergeben wird, so kann es außerdem bestimmen, daß der Jugendliche längstens bis zur Vollendung seines 21. Lebensjahres unter Schutzaufsicht gestellt werde.

Art. 22. Das Gericht kann zu Beauftragten (délégués) eine Anzahl von Personen beiderlei Geschlechts bestimmen, welche unter seiner Leitung dafür zu sorgen haben, daß die von ihm gemäß Art. 20 und 21 angeordnete Schutzaufsicht ausgeführt werde und deren Vollzug zu beaufsichtigen haben.

Diese Beauftragten sind in erster Reihe aus der Zahl der Mitglieder von Fürsorgevereinen, Jugendschutzvereinen sowie vom Gericht anerkannten wohltätigen Einrichtungen zu nehmen, können auch vom Gericht unmittelbar ausgewählte Privatpersonen sein.

Art. 23. Während der festgesetzten Frist haben die Beauftragten die unter Schutzaufsicht stehenden Jugendlichen so oft wie erforderlich zu besuchen und dem Vorsitzenden der Kammer Bericht über ihre Führung zu erstatten.

Führt ein unter Schutzaufsicht gestellter Jugendlicher sich schlecht oder droht ihm sittliche Gefahr oder werden der Schutzaufsicht systematisch Hindernisse bereitet, so kann der Vorsitzende der Kammer, so oft er es für notwendig hält, von Amts wegen oder auf Antrag des Beauftragten den Jugendlichen und die mit seiner Obhut beauftragte Person zu einer Sitzung des Gerichts laden, damit über weitere Maßnahmen befunden werde.

Stirbt der Beauftragte oder ist er nicht mehr in der Lage sein Amt auszuüben, so bestellt der Vorsitzende der Kammer einen Vertreter.

Art. 24. Sobald der unter Schutzaufsicht stehende Jugendliche stirbt, schwer erkrankt, seinen Wohnsitz verändert oder sich unerlaubt entfernt, haben seine Eltern, der Vormund, Pfleger, Arbeitgeber unverzüglich hiervon dem Beauftragten Kenntnis zu geben; dieser gibt die Anzeige an den Vorsitzenden der Kammer.

Art. 25. Die vorhergehenden Artikel finden Anwendung auf die Schutzaufsicht, welche von der Kammer gemäß Artikel 6 angeordnet werden kann.

Art. 26. Die Artikel 67, 68, 69 des Strafgesetzbuches erhalten folgende Fassung:

Art. 67. Ein Jugendlicher über 13 und unter 16 Jahren, welcher die Straftat mit Unterscheidungsvermögen (discernement) begangen hat, wird wie folgt bestraft:

Ist die Handlung mit dem Tode, lebenslänglicher Zwangsarbeit oder mit Deportation (déportation) bedroht, so ist auf 10—20 Jahre Unterbringung (enprisonnement) in einer ländlichen Erziehungsanstalt (colonie correctionelle) zu erkennen.

Ist die Handlung mit zeitiger Zwangsarbeit oder mit Zuchthaus bedroht, so ist auf Unterbringung in einer ländlichen Erziehungsanstalt für die Dauer von mindestens dem Drittel und höchstens der Hälfte des Höchstbetrages der angedrohten Strafe zu erkennen.

In jedem Falle kann ihm gleichzeitig das Betreten der ihm von der Regierung mitgeteilten Orte während der Dauer von wenigstens 5 und höchstens 10 Jahren untersagt werden.

Ist die Handlung mit dem Verlust der bürgerlichen Ehrenrechte oder der Ausweisung (banissement) bedroht, so ist auf Unterbringung in einer Erziehungsanstalt (colonie correctionelle ou pénitentiaire) auf die Dauer von 1 bis zu 5 Jahren zu erkennen.

Art. 68. Ein Jugendlicher über 13 und unter 16 Jahren, welcher keine älteren Mittäter, deren Aufenthalt bekannt ist, hat und wegen eines begangenen Verbrechens angeklagt ist, wird von der Strafkammer abgeurteilt; diese hat gemäß den beiden vorhergehenden Artikeln zu verfahren.

Art. 69. Hat ein Jugendlicher über 13 und unter 16 Jahren ein Vergehen begangen, so darf auf keine höhere Strafe erkannt werden, als die Hälfte derjenigen, mit der er bedroht wäre, wenn er das 16. Lebensjahr vollendet gehabt hätte.

Art. 27. Bei jeder Kammer hat der Gerichtsschreiber ein besonderes, nicht öffentliches Register zu führen, in welches die gegen Jugendliche unter 18 Jahren ergehenden Entscheidungen eingetragen werden.

Art. 28. Die Ausführungsbestimmungen zu vorliegendem Gesetz werden in einer auf Vorschlag der Minister der Justiz und des Innern nach Anhörung des Obergefängnisrates erlassenen Verordnung ergehen.

Diese wird insbesondere die Höhe und die Voraussetzungen der Beihilfen festsetzen, welche den Personen, Hospizen und Wohlfahrtseinrichtungen, denen zufolge des vorliegenden Gesetzes Jugendliche überwiesen werden, bewilligt werden können.

Dieses Gesetz tritt sechs Monate nach Veröffentlichung dieser Verordnung im „Journal officiel“ in Kraft.

Entwurf eines Deutschen Gesetzes

über das

Verfahren gegen Jugendliche.

Entwurf eines Deutschen Gesetzes über das Verfahren gegen Jugendliche.

§ 1. Für das Verfahren gegen Jugendliche gelten die Vorschriften des Gerichtsverfassungsgesetzes und der Strafprozeßordnung nur, soweit nicht dieses Gesetz etwas anderes bestimmt.

Jugendlich im Sinne dieses Gesetzes ist, wer noch nicht achtzehn Jahre alt ist.

§ 2. Für Strafsachen gegen Jugendliche werden von der Landesjustizverwaltung, soweit ein Bedürfnis besteht, bei den Amtsgerichten besondere Abteilungen (Jugendgerichte) gebildet.

Zu Schöffen bei den Jugendgerichten sind Personen zu berufen, die in der Jugenderziehung besonders erfahren sind. Auch Volksschullehrer dürfen zu Jugendschöffen berufen werden.

Die Landesjustizverwaltung bestimmt die Zahl der erforderlichen Haupt- und Hilfsschöffen. Bei Bildung der Urliste sind die Volksschullehrer in ein besonderes Verzeichnis aufzunehmen. Die Namen der Personen, die der Ausschuß zu Jugendschöffen gewählt hat, werden in besondere Jahreslisten eingetragen.

§ 3. Öffentliche Klage soll gegen einen Jugendlichen nicht erhoben werden, wenn Erziehungs- und Besserungsmaßregeln einer Bestrafung vorzuziehen sind; dabei sind namentlich die Beschaffenheit der Tat sowie der Charakter und die bisherige Führung des Jugendlichen zu berücksichtigen.

Ergibt sich nach Erhebung einer Klage, daß Erziehungs- und Besserungsmaßregeln einer Bestrafung vorzuziehen sind, so kann das Gericht das Verfahren gegen den Jugendlichen einstellen. Der Beschluß kann nicht angefochten werden. Außerhalb der Hauptverhandlung darf das Verfahren nur eingestellt werden, wenn die Staatsanwaltschaft zustimmt.

§ 4. Wird nach § 3 keine Klage erhoben oder das Verfahren eingestellt, so ist die Sache an die Vormundschaftsbehörde abzugeben.

Hat die Staatsanwaltschaft die Sache abgegeben, so kann Klage nur noch erhoben werden, wenn die Vormundschaftsbehörde zustimmt.

§ 5. Erachtet die Vormundschaftsbehörde den Jugendlichen für schuldig, so hat sie ihn entweder zu vermahnen oder der Zucht des gesetzlichen Vertreters oder der Schulbehörde zu überantworten, oder sie hat auf Grund der reichsgesetzlichen oder landesgesetzlichen

Vorschriften die Fürsorgeerziehung (Zwangserziehung) anzuordnen oder, wenn der Jugendliche schon unter Fürsorgeerziehung steht, ihn der Zucht der Erziehungsbehörde zu übergeben.

Die Vormundschaftsbehörde kann zunächst den Jugendlichen für eine bestimmte Frist unter die Aufsicht eines Fürsorgers stellen und sich die Auswahl unter den Maßregeln vorbehalten. Als Fürsorger sind Personen zu wählen, die in der Jugenderziehung besonders erfahren sind; auch Frauen können gewählt werden.

Die Entscheidungen der Vormundschaftsbehörde sind der Staatsanwaltschaft mitzuteilen. Diese kann die Rechtsmittel einlegen, die einem Beteiligten zustehen.

§ 6. Dem Jugendlichen ist von Amts wegen ein Verteidiger zu bestellen, sobald eine Voruntersuchung eröffnet oder die Eröffnung des Hauptverfahrens vor der Strafkammer beantragt ist.

§ 7. Für den Jugendlichen, der keinen Verteidiger hat, soll ein Beistand zur Hauptverhandlung zugezogen werden.

Der Beistand hat die Rechte eines Verteidigers; hierauf soll er in der Ladung zur Hauptverhandlung hingewiesen werden. Spätestens bei der Ladung ist ihm der Beschluß, durch den das Hauptverfahren eröffnet worden ist, mitzuteilen.

Bleibt der geladene Beistand in der Hauptverhandlung aus, so wird ein anderer bestellt. Ist dies nicht möglich, so kann ohne einen Beistand verhandelt werden, falls daraus kein Nachteil für die Sache entsteht; andernfalls ist die Verhandlung auszusetzen.

§ 8. Als Beistand soll in der Regel der gesetzliche Vertreter zugezogen werden; doch kann statt dessen der Vorsitzende einen besonderen Beistand bestellen.

Die Wahl des besonderen Beistandes soll auf Angehörige des Jugendlichen oder geeignete andere Personen gerichtet werden, die zur Übernahme bereit sind; auch Frauen können gewählt werden. Der Beistand soll so zeitig bestellt werden, daß er vor der Hauptverhandlung Erkundigungen über den Jugendlichen einziehen kann. Er kann selbständig Rechtsmittel einlegen wie ein gesetzlicher Vertreter.

§ 9. Dem gesetzlichen Vertreter des Jugendlichen sollen Ort und Zeit der Hauptverhandlung rechtzeitig mitgeteilt werden. Der Beschluß, durch den das Hauptverfahren eröffnet wird, soll ihm bekannt gemacht werden; das gleiche gilt von Urteilen, Strafbefehlen, Strafverfügungen, Strafbescheiden sowie von Beschlüssen, durch die das Verfahren nach § 3 eingestellt wird.

Die Vorschriften des § 149 der Strafprozeßordnung bleiben unberührt, auch wenn ein besonderer Beistand bestellt ist.

§ 10. Die Untersuchungshaft wird gegen Jugendliche nicht vollzogen, wenn sie durch andere Maßregeln, insbesondere durch vorläufige Unterbringung in einer Erziehungsanstalt, ersetzt werden kann.

Wird ein Jugendlicher verhaftet oder die Haft durch andere Maßregeln ersetzt, so sollen der gesetzliche Vertreter, der etwa bestellte besondere Beistand und die Vormundschaftsbehörde alsbald benachrichtigt werden.

Jugendliche, die in Untersuchungshaft genommen werden, sollen in einem Raume mit erwachsenen Gefangenen nur vorübergehend und nur dann untergebracht werden, wenn es ihr körperlicher oder geistiger Zustand erfordert.

§ **11.** Die Hauptverhandlungen gegen Jugendliche sollen von andern derart gesondert werden, daß eine Berührung mit erwachsenen Angeklagten vermieden wird. Richtet sich ein Verfahren gegen Jugendliche und gegen Erwachsene, so sollen die Sachen getrennt werden, soweit es ohne Nachteil für die Verhandlung und Entscheidung geschehen kann.

Für die Verhandlung gegen einen Jugendlichen kann das Gericht die Öffentlichkeit ganz oder teilweise ausschließen. Das Urteil wird öffentlich verkündet; doch kann, soweit für die Verhandlung die Öffentlichkeit ausgeschlossen war, das Gericht durch besonderen Beschluß anordnen, daß die Begründung des Urteils in nicht öffentlicher Sitzung verkündet wird. Einer Verhandlung über den Ausschluß der Öffentlichkeit bedarf es nicht; der Beschluß, der die Öffentlichkeit ausschließt, wird öffentlich verkündet.

Auch soweit die Öffentlichkeit nicht ausgeschlossen wird, soll Jugendlichen, die bei der Sache nicht beteiligt sind, der Zutritt zur Verhandlung versagt werden.

Ist von einzelnen Erörterungen ein nachteiliger Einfluß auf den Angeklagten zu befürchten, so kann das Gericht, wenn der Verteidiger oder Beistand zustimmt, anordnen, daß der Angeklagte für die Dauer der Erörterungen das Sitzungszimmer verläßt.

§ **12.** Ein Strafbefehl darf gegen einen Jugendlichen nur wegen Übertretung erlassen werden.

§ **13.** Hat der Beschuldigte das achtzehnte Lebensjahr vollendet, die Tat aber vorher begangen, so kann die Staatsanwaltschaft von Erhebung der Klage absehen, wenn die Verschuldung und die Folgen der Tat geringfügig sind, oder wenn besondere Umstände anderer Art es rechtfertigen. Unter den gleichen Voraussetzungen kann nach Erhebung einer öffentlichen Klage das Gericht mit Zustimmung der Staatsanwaltschaft das Verfahren einstellen.

§ **14.** Im § 75 Abs. 1 des Gerichtsverfassungsgesetzes wird die Vorschrift unter Nr. 14a durch folgende Vorschrift ersetzt:

„wegen der Verbrechen und Vergehen der Personen, die zur Zeit der Tat noch nicht achtzehn Jahre alt waren.“

§ **15.** Im § 140 Abs. 2 Nr. 1 der Strafprozeßordnung werden die Worte „oder das sechzehnte Lebensjahr noch nicht vollendet hat“ gestrichen.

Der § 268 der Strafprozeßordnung wird aufgehoben.

Fortsetzung auf der 3. Umschlagseite.

Fortsetzung auf der 4. Umschlagseite.

Druck von Leonhard Simion Nf. in Berlin SW. 48.

Kolibri 360 GmbH
Ferdinand-Jühlke-Straße 7
99095 Erfurt, Deutschland
produktsicherheit@kolibri360.de